AF247093

INDÉCENCE

DE

LA POLITIQUE

SENTIMENTALE ET LARMOYANTE DU MOMENT,

OU

ABSURDITÉ DU PRINCIPE

DE LA LÉGITIMITÉ ET DU DROIT DIVIN,

INDÉCENCE

DE

LA POLITIQUE

SENTIMENTALE ET LARMOYANTE DU MOMENT,

OU

ABSURDITÉ DU PRINCIPE

DE LA

LÉGITIMITÉ ET DU DROIT DIVIN;

Par Delattre, ancien avocat.

Septembre 1830.

Paris

IMPRIMERIE DE SELLIGUE,
RUE DES JEUNEURS, Nº 14.

1830.

Indécence

DE LA POLITIQUE

SENTIMENTALE ET LARMOYANTE DU MOMENT

OU

ABSURDITÉ DU PRINCIPE

De La

LÉGITIMITÉ ET DU DROIT DIVIN.

Sic vos non vobis.

Après quarante ans d'une lutte continuelle de la raison contre la stupidité et l'hypocrisie, le peuple vient enfin de triompher et de reconquérir sa liberté!... la conservera-t-il?..... Celui qui répondrait affirmativement serait bien téméraire...

En 1789 son sang coula, comme dans les journées des 27, 28 et 29 juillet 1830. On lui promit de ne plus l'asservir et six années s'écoulèrent à peine que des hommes mielleux, à grands sentimens et d'une philantropie admirable, commencèrent, en parlant de justice et d'humanité, et en déclamant contre l'anarchie, à miner le temple qu'il avait élevé à l'objet de son culte.

En 1789, les éternels ennemis des principes et des droits naturels de tous les hommes s'enfuirent chez l'étranger; pendant vingt-cinq ans, ils tentèrent en vain de rentrer en France, à main armée, pour la déchirer et la replonger dans les fers : honteux de n'avoir pu y réussir, ils supplièrent et obtinrent comme une faveur l'autorisation de revoir et d'habiter encore le sol qui les avaient vus naître; mais, dès qu'ils y furent, ils circonvinrent le pouvoir, ils s'insinuèrent dans les places, attaquèrent toutes les lois populaires, et parvinrent à frapper de réprobation tous les actes qui blessaient leur orgueil. Les trophées qui avaient porté le nom français au plus haut degré de gloire, ne furent plus que des faits atroces, enfantés par la rébellion et le crime; et enfin des échafauds furent dressés partout pour punir ceux qui avaient illustré leur patrie.

Les faiseurs de politique sentimentale et les humains philantropes d'aujourd'hui ne fuient pas.

Instruits par l'expérience, ils restent pour seconder les projets de leur idole renversée : ils attendent que, pour la quatrième fois, des barbares viennent la relever sur les corps sanglans et déchirés d'un peuple qu'elle aurait dû chérir au lieu de le faire mitrailler. Cependant quelques uns d'eux ont quitté leur poste ; et cette fois, chose surprenante, la pudeur l'emporta sur l'intérêt pécuniaire ; ils refusèrent de prêter le serment imposé à tous les mandataires du peuple et à tous les fonctionnaires publics : et par-là, ils se constituèrent en rébellion ouverte contre la loi qui régit le corps social.

Si quelques officiers reconnaissans, en 1814 et en 1815, avaient osé prononcer, en faveur de Bonaparte, des élégies semblables à celles dont la tribune parlementaire a retenti en faveur d'un roi qui n'est tombé dans l'infortune que parce qu'il a voulu remettre son peuple dans l'esclavage, ils eussent été traités de séditieux et livrés comme tels aux cours prévôtales, humainement érigées pour étouffer jusqu'au germe de l'imprescriptible raison.

Le dénouement du drame sanglant des 27, 28, 29 juillet 1830, a été tout différent : ceux qui l'ont mis en scène sont fort tranquilles, ils sont revenus au milieu des citoyens qu'ils ont égorgés ; aucune obligation ne leur est imposée ; leurs complices occupent encore une grande partie des places de la police. Paris est livré à leur discrétion, et c'est en vain que les sentinelles de la liberté et les publicistes courageux signalent les agens du pouvoir abattu; on les maintient dans leur emploi; des séditions se manifestent dans plusieurs villes, parce que la réorganisation est tardive : et, sous prétexte de ne pas désorganiser les administrations, on force le peuple à nourrir et à engraisser ses ennemis.

Si messieurs les ministres voulaient bien se rappeler qu'en 1815, on se contentait de demander à un employé s'il avait été à Gand, et que, sur sa réponse négative, on le destituait; sans doute ils prendraient moins de précautions pour nétoyer les étables de leurs prédécesseurs; et ils n'attendraient pas que l'Hercule des 27, 28 et 29 juillet dernier prenne la peine de les leur déblayer.

Mais, diront messieurs les ministres, on ne peut désorganiser entièrement une administration : dans des temps ordinaires, cela est admissible; mais dans des temps extraordinaires, la nécessité fait loi ; et il vaudrait mieux voir languir le service un moment, que de le faire faire par des hommes qui ont favorisé les massacres de la rue Saint-Denis, et la boucherie du 27, 28 et 29 juillet 1830.

La nécessité des destitutions se fait plus sentir dans l'administration chargée de veiller à la sûreté des citoyens, que dans aucune autre administration.

M. le préfet de police ne doit plus avoir besoin de cet essaim d'espions préposés par les Delavau, les Franchet et les Mangin, pour tourmenter le corps social. Quarante mille citoyens se sont chargés de veiller à la sûreté des personnes et des propriétés, et déjà on sent les bienfaisans effets de leur dévouement, depuis leur réorganisation en gardes nationaux. On ne lit plus dans les journaux le récit des crimes atroces, dont Mangin nous faisait faire tous les jours le tableau si affligeant.

Mais il est peut-être possible que monsieur le préfet soit accessible à la politique sentimentale, puisqu'on en fait dans les chambres, et qu'on ne parle plus que de générosité, d'humanité, d'abolition de la peine capitale. Sans doute, la générosité et l'humanité sont de grandes vertus dans un peuple; sans doute la suppression de la peine capitale prouve la douceur du caractère de celui qui la supprime, qui pose en principe qu'on ne doit pas ôter ce qu'on ne peut rendre, et qui reconnaît que c'est une opposition irritante à la volonté du créateur.

Tous ces principes ont été sentis par tous les peuples, et cependant la Grèce d'autrefois, que nous cherchons à imiter, et pour la résurrection de laquelle nous n'avons cessé de faire des vœux, condamnait à la peine de mort toutes les entreprises contre la démocratie, et les attentats contre la vie des citoyens. Il paraît que nous ne sommes pas des Grecs en politique, puisqu'on propose l'abolition de cette peine, et dans quel instant? dans un moment où le sang du peuple égorgé par milliers fume encore........ Il faut avouer que cette politique sentimentale n'est guère opportune, et qu'elle ne doit pas consoler les veuves et les enfans des victimes que le fer et le plomb ont massacrés.

D'autres faiseurs de cette politique larmoyante et sentimentale, ne s'occupent pas des valets, ils ne voient que les maîtres ; ce sont ces illustres infortunés qui les affligent : leurs cœurs sont déchirés à la vue de la solitude des palais naguère habités par l'ignorance, la bêtise, l'hypocrisie et la férocité. Ils parlent de légitimité, d'usurpation et de droit divin, il s'agit d'examiner un peu ce que c'est que la légitimité, l'usurpation et le droit divin. Messieurs les faiseurs de politique sentimentale entendent-ils par légitimité, le droit de s'emparer de l'héritage de leurs auteurs, ou celui de leur succéder dans leurs rangs et dignités? Dans a première hypothèse, il faut que les biens qui le composent, appartiennent à celui de qui on veut recueillir la succession.

Il n'arrivera pas sans doute à quiconque est doué du gros bon sens, de prétendre que le trône d'une nation, appartienne à celui à qui elle en concède l'occupation. Sans peuple, il ne peut y avoir de roi; mais il existe des peuples sans roi. Il n'en est pas d'un peuple comme d'un troupeau, le dernier sera toujours conduit par un pasteur; mais le peuple qui souvent voit moins d'intelligence et de capacité dans celui qui le gouverne par droit de succession, désirera d'abord que ce chef ait plus de lumière que lui, et finira toujours par lui ôter le pouvoir de le gouverner, quand il sera convaincu de son incapacité. Ainsi, si un trône tient essentiellement à l'existence d'un peuple, s'il ne peut en être séparé, le droit de succéder ne peut comprendre celui de s'emparer d'un trône qui ne fait pas partie des domaines personnels de celui à qui on succède; dans la seconde hypothèse, il est de fait que, jusqu'en 1792, la couronne fut héréditaire dans la famille des Capets; que le 22 septembre de cette année, le peuple proclama son indépendance et sa liberté; qu'en 1814, un million de baïonnettes étrangères assurèrent de nouveau l'héridité de la couronne des Bourbons; mais pour juger si un droit a été légitimement acquis, ou si ce n'est qu'une concession consacrée par le temps, il faut remonter à l'origine.

On sait que le privilège de vendre les indulgences de Léon X, accordé exclusivement aux Dominicains, amenèrent la réforme qui enleva à la cour de Rome la majeure partie de l'Allemagne et une partie de la France. Luther, moine augustin, commença par décrier les indulgences, il leva un coin du voile à ce sujet, et enfin les peuples animés voulurent juger le droit de celui qui les faisaient vendre.

En France, le peuple resta courbé sous le joug du temps jusqu'en 1789 ; à cette époque, il souleva le coin du voile, et en 1792, le 22 septembre, il le déchira tout entier, et apprit que Hugues Capet, duc de France, et comte de Paris, n'avait été qu'un usurpatenr, qui, en 987, enleva la couronne à Charles, duc de Brabant et de Hainaut, descendant de la branche masculine des Carlovingiens ; et que ce ne fut qu'en dissipant avec ses troupes un parlement qui se tenait à Compiègne pour assurer la succession à Charles, et en le faisant mourir captif dans la tour d'Orléans, qu'il parvint à la placer sur sa tête, et à la transmettre à ses descendans.

Ainsi, dans la seconde hypothèse, le principe

de là légitimité que nos faiseurs de politique sentimentale, invoquent en faveur de leur idole renversée , est un principe faux puisqu'il repose sur une usurpation.

Les révolutions de 1789 et 1830 nous démontrent cette vérité incontestable, que la légitimité réside dans la volonté du peuple, et quand celui qui le gouverne ne la tient que de la force de son épée, il n'est qu'un véritable usurpateur qui ne transmet à ses successeurs que des droits incertains et éphémères, et toujours susceptibles d'être révoqués.

Dans le grand drame que l'on vient de faire jouer au peuple français, il se trouve une singularité toute particulière : c'est en faveur d'un enfant en bas âge, qu'on fait entendre des jérémiades, qu'on invoque pour lui la légitimité...... La légitimité !..... Y a-t-il quelque chose de plus incertain, que cette légitimité tirée de la naissance en matière de trône ?

Sans remonter bien haut, il n'est besoin que de réfléchir sur la personne du Masque de Fer..... et la naissance de Louis XIV. L'opinion est fixée maintenant sur ce mystère politique; c'était le secret de l'état, dit Chamillart au second maréchal de Lafeuillade, son gendre : lequel des deux devait monter sur le trône? il n'y a pas plus de doute que le

Masque de Fer était un enfant d'Anne d'Autriche : il était l'aîné de Louis XIV, et d'après la maxime de droit, *is pater quem justæ nuptiæ demonstrant*, il devait occuper le trône sur lequel Louis XIV s'est assis. Si Louis XIV fut véritablement celui qui dut monter sur le trône, la naissance du Masque de Fer fournit une preuve bien évidente, qu'il n'y a rien de plus incertain que cette légitimité tirée de la naissance.

Les Lacédémoniens reconnaissaient cette vérité, puisque pour être certains d'avoir un roi du sang d'Hercule, ils confiaient aux éphores le droit de surveiller leurs reines. Si en France on avait établi de pareils inspecteurs, certes ! on n'eût pas élevé de soupçons sur la légitimité de celui à qui on a donné la qualification de duc de Bordeaux : on eût été dispensé de donner en spectacle une mère dont la mise à découvert dans cet instant pouvait compromettre l'existence ; on eût épargné du scandale, et au docteur Deneux les angoisses auxquelles il est livré depuis la publication des faits extraordinaires qui ont précédé et suivi immédiatement la naissance de ce duc de Bordeaux : enfin on croirait peut-être à la véracité des sentimens d'intérêts que lui portent nos faiseurs de politique sentimentale. Quoi qu'il en soit, ce duc de Bordeaux n'en serait pas moins le descendant d'un usurpateur dont la légitimité reposerait sur la force et sur la violence exercée envers un descendant de Charlemagne; et vouloir le faire succéder à ses prédécesseurs dans leurs rangs et leurs dignités, contre la volonté du peuple, est une double absurdité, résultant de l'incertitude de sa naissance et de l'usurpation de Hugues-Capet.

Voyons maintenant si ce droit, qu'ils appellent droit divin, peut être un principe de légitimité.

D'abord qu'est-ce qu'un droit divin? Ce ne peut être que celui qu'on tient de Dieu directement. Quel est donc l'insensé qui osera soutenir avoir eu des conférences directes avec la Divinité? Quel est l'homme raisonnable qui admettra qu'un Dieu, par une grâce insigne et par une faveur toute spéciale, a bien voulu s'abaisser au point de communiquer avec des hommes, et de leur conférer le droit de vie et de mort sur leurs semblables?

Jamais Dieu ne s'est abaissé à un tel point! Moïse a pu le faire croire au peuple juif encrassé de superstitions; encore ne l'a-t-il vu que par derrière dans un buisson ardent, et sur la montagne de Sinaï, couvert d'un voile Certes, ni le feu du buisson ardent, ni le voile dont se couvrit la Divinité n'était propre à faire distinguer ses traits.

Messieurs les faiseurs de politique sentimentale

tireront-ils ce droit divin de ce que les rois de France sont couronnés par les papes, et qu'ils sont sacrés par eux?

Si la question du droit divin des évêques fut long-temps débattue, particulièrement au concile de Trente, jamais les papes ne souffrirent qu'elle fût décidée; et si des évêques et des papes, qui ont été les dispensateurs des couronnes et des empires, n'ont pu établir qu'ils tenaient leur pouvoir de Dieu, les empereurs et les rois, *a fortiori*, n'ont pu et ne pourront jamais le faire.

Les papes ne disposèrent des couronnes et des empires que du temps de l'empereur Henri IV.

C'est le premier empereur qui fut cité par un pape à comparaître devant lui et qui fut déposé. Avant Henri IV, les papes étaient nommés par les empereurs; mais l'audace de Grégoire VII dispensa l'élection des papes de la ratification des empereurs.

Ainsi, si les faiseurs de politique sentimentale tirent le droit divin qu'ils invoquent de la puissance qu'eurent les papes de donner des couronnes, il est encore démontré que ce droit découle d'une usurpation, puisqu'avant l'empereur Henri IV, les empereurs seuls nommaient les papes; et que ce n'est que depuis l'audacieux Hildebrand, Grégoire VII, qu'ils ont disposé des empires.

Diront-ils encore que les papes ont toujours sacré les rois de France, et que c'est de cette sainte opération, qui a eu quelque chose de miraculeux par rapport à Clovis, que découle le droit divin?

Si nous remontons au premier roi qui a été sacré en France, nous verrons que cette cérémonie n'a eu lieu que pour couvrir encore l'odieux d'une usurpation et la rendre vénérable au peuple. Étienne III, aux prises avec les Lombards, appela Pepin à son secours ; il se mit à ses genoux pour obtenir sa protection, et Pepin en profita pour se faire couronner avec des cérémonies qu'on appela *sacre*.

La cérémonie n'est pas nouvelle ; d'abord elle est une imitation des Juifs. Leur grand-prêtre versait de l'huile sur leurs rois : c'est ce que fit Samuel sur la tête de Saül.

Les rois francs, les rois lombards, même les goths se faisaient sacrer avec de l'huile ; et on sait que sur la tête des empereurs d'Orient, les patriarches en répandaient en faisant un signe de croix avec un plumasseau

À l'égard du miracle opéré au baptême de Clovis et non à son sacre, car il ne fut jamais sacré roi, il fut aisé de persuader à un peuple superstitieux et très-ignorant alors, qu'un pigeon avait apporté à son bec une petite fiole, qu'on appela la sainte-ampoule, pour le sacrer roi; car c'est trois siècles après le baptême de Clovis que Hincmarc, archevêque de Reims, écrivit et nous transmit cette imposture.

Il ne faut pas s'étonner si cette absurdité a fait fortune, puisqu'on a persuadé, depuis ce qu'on a appelé si improprement la restauration, à une partie des Français, que cette fiole avait été conservée, quand il est certain qu'elle fut jetée sur la voie publique, sans produire de miracle, par Bassal ou Massieu, tous les deux prêtres et représentans du peuple en 1793.

Ainsi le droit divin et la grâce de Dieu par lesquels nos souverains ont régné sur la France, et que l'on invoque en faveur de la famille du roi *in partibus*, est un droit imaginaire, qui ne découle, comme la légitimité, que de l'usurpation des papes et de l'imposture des prêtres.

Maintenant, il faut examiner si les qualités de cette famille et le bien qu'elle a fait aux Français peuvent légitimer les accens plaintifs et douloureux des faiseurs de politique sentimentale.

Sans fouiller dans la poussière de l'histoire de France pour y chercher des preuves de la superstition, de la tyrannie et de la cruauté de nos rois; sans même parler de la férocité de Louis XI, qui la poussa jusqu'à faire empoisonner son frère en lui faisant servir une pêche énorme, qui fit mettre les enfans d'Armagnac sous l'échafaud de leur père pour les faire arroser de son sang, qui pensa racheter tous ses crimes en portant sur lui des os de morts qu'il appelait des reliques, et en ordonnant que tous les jours à midi on sonnât l'*Angelus*, nous ne porterons nos regards rétrogrades que sur des faits qui remontent à Charles IX. Il n'est guère de Français qui ne connaisse l'horrible boucherie du 24 août 1572. Les Jésuites, et notamment le père Daniel, font l'apologie de cette journée et de son auteur; ce dernier dit que *Charles IX joua bien la comédie, et qu'il fit parfaitement son personnage...* Quelle comédie! grand Dieu de paix! qu'un massacre de la moitié d'une nation : c'est un prêtre qui s'exprime ainsi, et qui ajoute qu'on *loua à Rome la terrible punition infligée aux hérétiques par le roi.*

Il n'est malheureusement que trop vrai que *l'humaine* religion catholique, apostolique et romaine contribua le plus à ces massacres des protestans; mais on ne peut disconvenir que, si Charles IX n'avait pas été d'un tempérament sanguinaire et féroce, il n'eût jamais tramé cette extermination pendant deux ans et ne l'eût jamais fait exécuter.

Ce qui prouve sa férocité, ce sont ces paroles de Vitellius, qu'il répéta en voyant le cadavre de l'amiral de Coligny au gibet de Montfaucon : *Le corps d'un ennemi sent toujours bon ;* c'est encore sa passion démesurée de la chasse et son plaisir de tout détruire. Un jour qu'il chassait des lapins dans un clapier, il s'écrie : « *Faites-les moi tous sortir, afin que j'aie le plaisir de les tuer tous.* »

Charles X avait aussi cette passion démesurée de la chasse ; comme Charles IX, il se plaisait à la destruction. Ses chasses étaient plutôt des boucheries que des exercices de récréation et de santé ; comme Charles IX, il conspira contre son peuple. Il ne tira pas sur lui ; mais il en donna l'ordre dans les journées des 27, 28 et 29 du mois de juillet dernier. Il aurait dû cependant se souvenir qu'en 1789 . à Versailles, les gardes françaises avaient déjà refusé d'exécuter pareil ordre, avaient mis bas les armes, et s'étaient rangés du côté du peuple.

Si Charles X ne tira pas sur le peuple, il faut l'attribuer à sa lâcheté, car il n'était pas guerrier!..; on sait ce qu'il fit à Quiberon...., on connaît la lettre de Charette à Louis XVIII...., et la destruction de nos batteries flottantes au siége de Gibraltar, a prouvé assez qu'il n'aimait pas à courir de danger.

Henri III ne fut pas moins atroce que Charles IX, car il prit une part assez grande à la Saint-Barthélemi ; il fut aussi tartuffe que Charles X. puisque, après avoir communié avec le duc de Guise et le cardinal son frère, et avoir juré sur l'hostie, qu'il les aimerait toujours, il fit assembler les seconds états de Blois en 1588, pour faire assassiner ce duc.

Charles X jura sur l'évangile qu'il maintiendrait la Charte ; on sait comme il tint son serment ; comme Henri III, il porta une discipline et un rosaire, et se revêtit d'un cilice au lieu d'un sac blanc dont se servait Henri III. Charles X ressuscita les jésuites et les capucins, et Henri III institua les confréries de pénitens ; il fit bâtir des cellules de moines à Vincennes, où on priait Dieu d'un côté, quand de l'autre il insultait à la nature avec ses mignons ; il se faisait appeler frère Henri, comme Charles X méritait d'être appelé frère Charles, quand il était affublé du vêtement de pénitence, que l'on trouva dans ses appartemens aux Tuileries, dans les journées des 27, 28 et 29 juillet dernier. Enfin, en 1589, Henri III fut déclaré déchu du trône par soixante-dix Sorbonnistes, et Charles X en est déchu par la volonté du peuple français.

S'il existe un souverain qui fût bon par caractère, c'est sans contredit Henri IV ; il est bon de dire qu'il ne fut élevé par aucun prêtre, parce qu'il était protestant ; et abstraction faite de son changement de religion, qui sert à démontrer que la conscience cède tout à l'intérêt des hommes, Henri IV eût été un modèle pour tous les souverains d'après lui. Aussi, Louis XVIII et Charles X., aux jours de la prétendue restauration, nous bercèrent-ils de plusieurs airs qui nous rappelèrent son existence, et quelques-unes de ses faiblesses : ils crurent ne pouvoir mieux faire que de les substituer aux chants patriotiques qu'ils entendirent lors de leur expulsion, et que l'on se plaît encore à répéter aujourd'hui dans ces jours d'allégresse.

Louis XIII fut loin d'avoir le caractère d'Henri IV, il tint de celui de Charles IX. Il fit la guerre à son peuple, il la fit à sa mère, et fit assassiner le maréchal d'Ancre, et brûler son épouse comme sorcière, probablement pour prouver qu'il avait bien mérité le nom de juste ; il souffrit qu'on déterrât le corps de ce maréchal, qu'on lui arrachât le cœur, le grillât sur des charbons allumés, et qu'on le mangeât..... ; c'est cependant un de nos rois à qui une statue est élevée, pour nous rappeler ses bontés et son humanité.

Louis XIV ne fut pas plus avare du sang des Français, que de celui des étrangers ; ses dragonades l'attestent. Il anéantit par les bûchers, par le fer et le plomb, une forte partie du peuple français, pour la plus grande gloire de son Dieu, de son confesseur et de ses concubines. Il fit brûler, en 1675, deux villes et vingt-cinq villages dans le Palatinat ; puis quatorze années après, au mois de février, il ordonna de brûler Manheim et Heidelberg, cinquante châteaux et cinq ou six cents villages : enfin, il mit tout à feu et à sang lors de la conquête et de l'évacuation de la Hollande ; c'est à ce roi que l'on donna le nom de Grand, quelle grandeur ! à qui le premier maréchal de Lafeuillade fit élever une statue autour de laquelle on enchaîna des nations ; c'est pour lui qu'on éleva l'arc de triomphe, dit la Porte Saint-Denis, à l'occasion de la conquête de la Hollande, et, chose extrêmement bizarre, cet arc de triomphe n'était pas fini, que la Hollande était évacuée. On nous donne son règne comme le commencement du quatrième siècle de la raison, de la vraie philosophie et des lumières ; mais jamais la raison ni la philosophie ne proclamèrent la révocation de l'édit de Nantes, et de ce que son règne aurait été illustré par des hommes de mérite en tout genre, il ne s'ensuit pas qu'il rendît son peuple heureux Les monumens qu'élevèrent son orgueil et son ambition, le rendirent au contraire malheureux, et attesteront toujours combien il fut pressuré pour en faire les frais. Il épuisa la France en hommes et en argent, pour soutenir des guerres qu'il avait lui-même suscitées, et après avoir développé un caractère bien prononcé pendant le cours de son règne, qui semblait devoir être exempt de faiblesses, il finit par mourir au milieu des plus méprisables querelles de théologie. portant constamment sur lui des reliques, dans les dernières années de sa vie. Son faste et ses prodigalités, coûtèrent à la France dix-huit milliards ; il lui laissa deux milliards six cents millions de dettes, qui, sans doute, ne furent pas et ne seront jamais des titres bien légitimes à la reconnaissance des Français.

Louis XV devenu majeur, n'eut ni la passion de guerroyer, ni celle de dicter des lois à l'Europe ; il soutint quelques guerres pour empêcher l'agrandissement de la puissance autrichienne : il rétablit momentanément l'ordre dans les finances, détruit par l Ecossais Law pendant la régence ; mais la corruption de l'abbé Terrai, la dissolution du monarque et la facilité qu'avait la Dubarry de puiser dans le trésor, dissipèrent une partie des richesses de la France, et auraient fini par engloutir lè royaume, si la mort de ce monarque n'y eût mis un terme.

Le règne de Louis XVI fut marqué par des scandales d'un autre genre ; les intrigues de Marie-Antoinette , le fameux procès du *collier* , indiquèrent assez que la dissolution de la fin du règne de Louis XV passa à la cour de Louis XVI.

Lui seul n'en fut pas souillé, et on peut dire que, s'il ne fut pas un méchant homme, il n'eut aucune capacité , ni aucune vertu pour gouverner.

Les liaisons de Marie-Antoinette avec madame de Polignac et ses courses nocturnes , donnèrent l'exemple de la plus grande dépravation. La faiblesse de Louis XVI pour son frère le comte d'Artois, lui fit payer plusieurs fois ses dettes : ses prodigalités , ainsi que celles de la reine , dérangèrent tellement les finances , qu'il fallut recourir aux états-généraux, pour aviser au moyen de combler le déficit.

Cette convocation , faite pour régler les finances, eut un autre résultat, elle amena l'assemblée qui fut la cause de la catastrophe du 21 janvier 1795 , catastrophe qui doit servir d'exemple à tous les monarques qui comptent pour rien les sueurs et le sang des peuples qu'ils sont appelés à gouverner.

Louis XVIII, à qui de plats adulateurs prodiguèrent tant d'éloges sur ses talens littéraires, ne fut qu'un très-mince écrivain, dont le rang seul fit toute la célébrité. Lié avec quelques gens de lettres, avec qui *il tenait bureau d'esprit*, il décidait de toutes les productions du génie, et quand ce bâtard aréopage mettait à l'index quelque pièce, malheur à ceux qui osaient appeler de ses décrets!

Beaumarchais sentit le poids de l'autorité de cette coterie, et fut mis à Saint-Lazare pour avoir attaqué son infaillibilité.

L'affaire du marquis de Favras déshonorera à jamais sa mémoire, et sa Charte octroyée et tant vantée qui ne fut qu'un mauvais recueil de celles qui la précédèrent et qui émanèrent du peuple, n'effacera jamais le souvenir des maux qu'il fit à la France, en ramenant avec lui un million d'étrangers qui l'occupèrent et la saccagèrent durant plusieurs années.

Sa lâche méchanceté et sa haine implacable contre tout ce qui avait illustré la France pendant sa fuite, se manifestèrent par le sacrifice qu'il ordonna de la personne du maréchal Ney, dont il aurait dû faire respecter les jours, pour tâcher de faire rejaillir sur son règne quelques rayons de la gloire de ce grand capitaine.

A ce monarque despotique, que la basse adulation osa peindre à la tribune parlementaire comme la parfaite image de la divinité, sans réfléchir que la comparaison était un outrage envers elle, succéda Charles X, second du nom suivant les ligueurs. La France a été le témoin de ses débauches crapuleuses durant sa jeunesse; elle connaît l'ordre qu'il donna aux gardes françaises de tirer sur le peuple; elle se ressouvient des promesses mensongères qu'il lui fit en rentrant en France en 1814; elle n'oubliera jamais les sermens qu'il fit sur l'évangile, et qu'il viola depuis, lorsqu'il dépensa des sommes énormes pour l'inutilité de son sacre; elle se rappellera long-temps les lois impopulaires qu'il fit proposer par des ministres infiniment coupables pour remettre le peuple sous un joug plus insupportable que celui qui pesait sur lui en 1788, et qu'il secoua avec tant de courage en 1789; enfin, il gardera un souvenir éternel du massacre qu'il ordonna les 27, 28 et 29 juillet 1830.

Voilà l'esquisse de tous les bienfaits et de l'humanité de nos rois; voilà comment ils ont acquis des droits à régner sur la France, et à se succéder les uns aux autres par la grâce de Dieu.

C'est sur le sort de ce dernier roi que les faiseurs

de politique sentimentale se lamentent; ils ne peuvent, disent-ils, prêter d'autre serment que celui qu'ils lui ont fait.... Mais, presque tous vous avez prêté serment à Bonaparte! Si vous pensez être parjures en le prêtant à Louis-Philippe, vous l'avez donc été lorsque vous avez cessé de le tenir à l'empereur!

Les Français observateurs depuis quarante et un ans, ne se trompent pas sur la délicatesse de conscience dont vous voulez faire preuve; l'intérêt particulier vous domine; vous n'avez cessé de jurer pour avoir des places; vous avez prêté des sermens tant qu'on en a voulu, pour les conserver; vous en avez fait à Louis XVI, à la nation; vous en avez aussi prêté au peuple; vous avez juré fidélité au directoire; vous avez fait le même serment aux trois consuls, au consul à vie, à l'empereur, à Louis XVIII, à Charles X; enfin, vous prêteriez tous les sermens possibles à l'empereur de Maroc, s'il arrivait, vous conservait vos sinécures, et gouvernait despotiquement.

Vous vous refusez à prêter celui que Louis-Philippe, roi des Français, exige de vous comme mandataires du peuple ou fonctionnaires publics. Il est facile d'expliquer votre refus; vous ne voulez pas de trône qui repose sur une base solide, la volonté du peuple ; vous ne voulez pas le prêter, parce que vous croyez que les étrangers vont agiter leurs masses stipendiées pour relever votre idole ; vous y comptez …, et vous ne motivez votre refus que parce que vous voulez vous en servir pour avoir des droits aux premiers emplois. Vain espoir ! Le peuple, par la révolution qu'il vient de faire, a expulsé pour jamais l'objet de vos affections intéressées ; il ne s'est pas vengé de tous vos attentats à sa liberté et à ses droits : il vous a considérés comme de véritables machines, que l'intérêt et l'argent font mouvoir Il ne se vengera de vous qu'en vous réduisant à la nullité ; mais il attend que le pouvoir légal venge son sang répandu sur les conseillers qui l'ont fait verser. Il désavoue d'avance toute pitié et toute miséricorde ; leurs crimes sont attestés et écrits en lettres de sang ; et s'il arrivait que la politique sentimentale pût jamais parvenir à les sauver, il ne lui resterait plus qu'à se venger lui-même pour s'épargner un troisième sacrifice. Il l'assure tous les jours dans ses ateliers et sur les places publiques, et il tiendra parole.

Il ne peut y avoir de doute que le système de générosité, d'indulgence ou de commisération ne mette le peuple dans la nécessité de faire une troisième révolution ; qu'on me dise si ce n'est pas cette générosité et cette indulgence qui nous a fait perdre le fruit de la révolution de 1789.

En 1814 et 1815, les partisans du despotisme et de l'esclavage n'ont pas temporisé pour remettre le pouvoir entre les mains de leurs agens ; ils étaient pénétrés de cette maxime, que *ce qui n'est pas pour nous est contre nous*. Comment se fait-il donc que messieurs les ministres n'en soient pas aussi pénétrés ?

Pourquoi nomment-ils aux places un seul homme qui n'ait pas été en opposition avec l'autorité déchue ? Des hommes immoraux et noyés de dettes obtiennent des grades de colonel d'état-major, quand on ne peut ignorer qu'ils ont été les plats valets du gouvernement abattu.

On voit des enfans gâtés de Clermont-Tonnerre et de Bourmont ne quitter leur poste que pour en occuper d'autre. On en remarque qui viennent tous les jours dans les bureaux pour espionner ce qui s'y fait, et aller sans doute en instruire leurs protecteurs et les auteurs de leur ancienne élévation (1).

____

(1) Il est inutile de les nommer, mais si on est curieux de savoir leur nom, je suis prêt à les faire connaître.

On a vu des commis d'un cabinet particulier devenir des procureurs-généraux ou des substituts, quand d'anciens avocats-généraux, pleins de talens, restent destitués pour avoir fait preuve de leur amour pour la liberté : certes, ils pourraient remplir plus dignement les places de présidens ou celles de procureurs-généraux que l'on donne si légèrement à ces commis de cabinet.

Loin de moi de douter des intentions du courageux militaire qui a bien voulu se charger de réorganiser l'armée. Je suis convaincu qu'il ne s'agit que de lui faire connaître le mal pour qu'il y remédie ; je suis si peu disposé à critiquer ses opérations que je voudrais que la France lui votât de la reconnaissance pour son dévouement, ainsi qu'à ceux qui, avec lui, l'ont tirée de l'esclavage.

Le peuple de Paris, la jeunesse de l'Ecole Polythecnique, et celle des facultés de Droit et de médecine, sont les premiers qui aient des droits à la reconnaissance de la France. La Fayette et Gérard, viennent en deuxième ordre. Parmi ceux que l'on doit citer en troisième, figurent Lafitte, qui, par sa générosité et son dévouement, contribua puissamment au triomphe de la liberté, ainsi que M. Ganneron, ce magistrat citoyen qui, au fort de l'action, flétrit avec courage, par un jugement à jamais mémorable, les ordonnances exécrables du 25 juillet 1830 , que M. Dupin conseilla d'exécuter.

Quoique M. Dupin ait assuré à la France qu'il l'avait sauvée, je ne pense pas qu'elle lui doive une statue; elle n'en doit pas plus à son frère le baron, pour avoir conçu l'heureuse idée de la création des ilotes parmi les ouvriers. Certes, ils sont tous les deux très-éloquens, très-érudits, et très-savans; mais si les bandes royales n'avaient trouvé d'opposition que dans l'éloquence de M. Dupin aîné, les 26 et 27 juillet 1830, Charles X régnerait encore sur la France : l'hypocrisie et l'ignorance y exerceraient leur empire; la raison en serait exilée et les échafauds seraient le partage des citoyens les plus probes et les plus recommandables.

Si Rome reconnaissante décernait des récompenses aux citoyens qui n'avaient pas désespéré de son salut, à plus forte raison, la France doit-elle être reconnaissante envers ceux qui l'ont délivrée du joug sous lequel elle gémissait.

Ce n'est pas par des mots que l'on doit perpétuer le souvenir du dévouement à son pays. C'est par des monumens, des établissemens ou des fondations qui résistent à la faux du temps.

On veut dédier aux mânes des martyrs de la liberté, reconquise les 27, 28 et 29 juillet 1830, le monument élevé à la mémoire du duc de Berry. Il me semble que cette dédicace est une conception mesquine, tout à la fois injurieuse à la mémoire des victimes du père de celui pour qui il a été érigé.

N'aurait-on pas voulu préserver ce monument de sa chûte, ainsi que celui de la Place de la Révolution, en leur donnant une destination démentie par leurs fondations ? dans ce cas, ils devraient être abattus

Les événemens qui les ont fait construire sont inséparables des révolutions, et si tous ceux qui ont été sacrifiés ou assassinés injustement, devaient avoir des autels publics, il y en aurait partout le globe, tant il y a eu de victimes du pouvoir, de la passion et des révolutions.

Le ridicule de la consécration de l'arc de triomphe à la prise du Trocadéro n'aurait jamais dû permettre qu'on osât consacrer aux mânes des victimes des 27, 28 et 29 juillet 1830, le monument élevé sur le sol de l'ancien Opéra.

Les autels à ériger aux mânes des victimes de la cruauté et de la tyrannie de Charles X, doivent être dégagés de toute espèce d'hétérogénéité. Ils doivent être purs comme le sentiment qui les fait élever.

Un temple dédié aux grands hommes a été construit sur la place de la Madelaine; qu'on le rende à sa destination! On a voulu en faire une église : il en existe assez pour adorer un Dieu dont l'univers est le plus beau temple.

~ Des arbres de liberté consacrèrent dans toutes les communes de France, la révolution de 1789; que, pour perpétuer celle des 27, 28 et 29 juillet 1830, un monument solide soit construit, et qu'une loi inflige une peine à la main sacrilège qui fera le moindre effort pour le renverser.

A l'égard de cette jeunesse courageuse et de ceux qui se sont dévoués à la mort dans ces jours de périls et de gloire, qu'un ordre spécial soit créé pour éterniser leur dévouement à leur patrie! Les chevaliers de l'ordre de Saint-Jean-de-Jérusalem, de Rhodes et de Malthe ne furent-ils pas créés pour avoir été dans la Palestine donner des secours aux blessés? Ne furent-ils pas décorés d'une croix à huit pointes, signe ostensible de cet ordre? Ne firent-ils pas des vœux de faire une guerre irréconciliable aux ennemis de leur foi? Ceux au profit de qui l'ordre français sera établi, en feront au contraire pour prêcher l'amour de la patrie, la tolérance de toutes les croyances et l'union de tous les peuples ; cet ordre enfin entretiendra le feu sacré dont ils brûlèrent les 27, 28 et 29 juillet 1830.

Au nombre de ceux qui méritent notre reconnaissance, il en est un maintenant qui s'élève par-dessus tout : nous lui devons notre dévouement et notre amour : c'est celui qui règne actuellement sur la France.... L'éloge que j'en fais ne peut être regardé comme une adulation....; car j'avouerai que je n'ai jamais aimé aucun souverain ; que je n'en ai jamais voulu voir, tant je suis convaincu que la presque totalité est accessible à la corruption, et que leurs trônes ont eu presque toujours tous les vices pour degrés.

Passionné pour la liberté, je n'ai jamais désiré de vivre sous d'autre gouvernement que sous le gouvernement républicain, non pas à la manière des Couthon et des Billaud Varennes, mais suivant les principes des Barbaroux, des Vergniaux, des Brissot, des Gensonné, des Condorcet et des Boyer Fonfrède ; mais, quand on ne peut avoir tout ce qu'on désire, sans exposer son pays à des déchiremens, il faut se contenter de ce qui s'en rapproche le plus.

Louis-Philippe d'Orléans s'est chargé de gouverner la France d'après le pacte social qu'il a accepté et juré de maintenir.

Ce pacte à beaucoup d'analogie avec celui de Lacédémone, qui avait pour base la loi de Lycurgue et celles de Théopompe. Le premier associa, au pouvoir des deux rois, des sénateurs pour balancer leur autorité, et le second, pour contrebalancer le pouvoir des rois et des sénateurs, établit les éphores.

La France doit espérer un avenir heureux sous le règne du nouveau roi.

Elle doit encore espérer qu'étant bon père, il fera tout pour le bonheur de la grande famille. Familier avec tout ce qui caractérise la nation, il en a adopté les couleurs dès l'aurore de notre première révolution; il a combattu pour la liberté, et l'on doit croire que le serment qu'il a fait sera religieusement observé; qu'enfin, le lieu où il l'a prononcé, ne sera pas appelé le *champ du mensonge,* ainsi que fut qualifié celui où Grégoire IV, après avoir prêté serment à l'empereur Louis-le-Faible, le trompa, et fit passer, dans le camp de Lothaire son fils, les troupes qu'il avait assemblées pour lui résister, ainsi qu'à ses deux autres fils, Louis et Pépin, tous les trois armés contre lui.

Ses discours et ses réponses à tous ceux qui l'approchent font connaître la grande distance qui a toujours existé entre lui et son stupide prédécesseur ; elles doivent servir de leçons à ses ministres pour hâter la régénération de la France : car, il faut le dire, il est plus constitutionnel et plus ami de la liberté qu'eux.

La tranquillité de la France dépend de son existence, et il est du devoir de ceux qui l'entourent de le prier de prendre plus de précaution pour conserver ses jours.

Tant que M. le préfet de police n'aura pas renouvelé ses légions obscures, il est à craindre que les prêtres, les congréganistes, les gendarmes, et tous les autres ennemis de la liberté, ne recrutent la milice sainte des Poltrot de Méré, des Clément, des Barrière, des Arger, des Ridicovi, des Châtel, des Ravaillac, des Damiens, des Jaurigny et des Gérard (1).

Louis Philippe Ier reçut sa couronne des mandataires du peuple, il eût été à désirer que ce fût le peuple lui-même qui la lui donnât, ou au moins que ce fût par un mandat spécial qu'elle lui

---

(1) Gérard fut annobli par Philippe II pour son crime, comme le fut la famille Cadoudal par Louis XVIII pour la machine infernale, et la conspiration de Pichegru dont il fut un des coryphées.

fût offerte ; on aurait ôté par là aux partisans de Charles X tout prétexte de proclamer, à la tribune parlementaire, que ses mandataires n'avaient pas reçu le pouvoir de donner une couronne, et de changer la loi fondamentale de l'état.

La conspiration de Charles X contre le peuple français l'avait nécessairement fait déchoir du trône, mais les mandataires du peuple avaient-ils le droit d'en disposer ? C'est une question qui sera toujours résolue d'une manière négative par tous les hommes qui tiennent aux principes. C'est un malheur que les amis de la liberté se trouvent d'accord sur ce sujet avec ses ennemis et les amans passionnés de la bêtise ; mais enfin, on doit reconnaître que des mandataires, qui n'avaient reçu de pouvoir que pour faire des lois, n'avaient pas celui de disposer d'une couronne.

Sans doute ils ont fait le meilleur choix possible ; sans doute la France l'avouera, le reconnaîtra et les en félicitera ; mais il n'en est pas moins vrai qu'une conduite semblable en sens inverse, eût été qualifiée d'attentat horrible à la liberté.

Dans la situation où se trouvaient les mandataires du peuple ; sans lois et sans guide, ils pouvaient prendre les Romains pour modèles, et créer une commission dictatoriale, qui eût réuni les pouvoirs des décemvirs et des dictateurs.

Cette commission composée de députés et de pairs qui, cependant, ne sont les égaux de personne, puisqu'ils ont fait des lois qui les mettent hors du droit commun, après avoir remis la lieutenance du royaume entre les mains de Louis Philippe d'Orléans, aurait pu facilement purger le pacte social de toutes les lois contre-révolutionnaires, conçues par les suppôts du pouvoir despotique, et aurait pu convoquer les collèges électoraux qui eussent conféré à leurs nouveaux députés le mandat spécial de lui décerner la couronne; par cette conduite, tout aurait été régulier et hors de l'atteinte des ennemis de la glorieuse révolution qui vient de fixer les bases de notre régénération.

On dira peut-être, qu'il était dangereux de convoquer les collèges électoraux, parce que les partisans de Napoléon et les républicains, pouvaient opérer des scissions dans les assemblées électorales, et livrer la France aux protecteurs de l'ignorance et de la tyrannie.

Dans les deux premiers jours de la révolution de juillet 1830, lorsque le peuple héroïque de Paris était presque livré à lui-même, n'ayant d'autre guide que les conquérans de l'École Polytechnique et ceux des écoles de droit et de médecine, quelques voix éparses se sont fait entendre en faveur du petit chartreux, qu'élève Metternich ; mais ces voix ne se sont élevées que par le souvenir de la gloire que son père a amoncelée sur la France.

Cet enfant dégénéré, plus propre à vivre dans un couvent, que de prendre les rênes d'un gouvernement, ne sera jamais vénéré par la France, au point de le prendre pour maître.

Le despotisme militaire et brillant que son père a fait peser sur la France, lui a été trop funeste dans ses conséquences, pour qu'elle songe jamais à se donner un maître dans la personne de son fils.

Les républicains nombreux qui aiment plus leur patrie qu'ils ne s'aiment eux-mêmes, n'étaient pas plus dangereux. Les malheurs qui ont accablé la France en 1814 et en 1815, par suite de la ligue de tous les souverains contre elle, était encore trop récens pour ne pas craindre de les voir renouveler ; aussi ces républicains firent-ils le sacrifice de leurs prétentions, pour éviter des déchiremens.

S'ils n'avaient pas préféré la tranquillité de la France au triomphe de leurs principes, soyez certains, vous tous qui les calomniez, que la révolution des 27, 28 et 29 juillet, eût eu une autre fin ! car, n'en doutez pas, en France, le peuple, la jeunesse et tous les hommes qui ont de l'instruction sont républicains.

La convocation des collèges électoraux n'était donc pas à redouter, puisque ceux qui pouvaient être à craindre, n'avaient fait aucun effort, pas même un mouvement, pour établir le gouvernement qu'ils préfèrent.

Si on avait établi une dictature, si on avait changé par une mesure générale tous les préfets, les sous-préfets et les secrétaires généraux, les maires et les généraux divisionnaires, les commandans de place, et qu'on eût, dans le midi, livré à la justice les assassins du maréchal Brune, on n'eût pas eu toutes ces émeutes populaires et partielles, qui ont encore fait verser le sang des bons français; et la convocation des collèges électoraux eût pu se faire sans aucune suite dangereuse : la nouvelle assemblée eût proclamé Louis Philippe Ier, roi des Français; et il eût été encore plus satisfait de recevoir la couronne de toute la nation, que de la tenir de deux-cent-quarante députés. Par là, on eût épargné des discussions sur le premier et le deuxième serment; discussions injurieuses pour elle et pour le nouveau roi; et on n'eût point entendu les doléantes protestations de certains privilégiés, enfans prodigues de la bassesse et du despotisme.

Mais tout est consommé.... Le peuple français sanctionne tous les jours les actes qui auraient pu être plus parfaits, et il adopte avec autant d'enthousiasme Louis Philippe , qu'il éprouve lui-même de bonheur à se trouver le premier citoyen français.

Pour conserver la situation heureuse où se trouve la France et son roi, il faut nécessairement que les ministres marchent d'après l'impulsion que le peuple et le roi leur ont donnée , et que, par aucune considération , ils ne laissent en place aucun des protégés de l'autorité renversée.

Monsieur le préfet de police a destitué trente-six commissaires : comme il en existe cinquante-deux , tant dans Paris que dans la banlieue, il reste par conséquent seize ennemis du nouvel ordre de choses , sans compter ceux qui portaient des croix à leur boutonnière, sous Delalavau et Mangin, et qu'il a replacés, à qui il sera toujours impolitique et dangereux , de confier les secrets de son administration ; il l'a épurée , dit-on, mais épurée n'est pas tout ce qu'il aurait dû faire , il aurait dû la renouveler entièrement ; en ne le faisant que partiellement, il y a établi deux esprits. La division qui naîtra de cet amalgame , est un obstacle à sa marche et au bien qui doit en résulter.

Les intentions pures d'un ministre ou d'un administrateur, sont beaucoup pour faire le bien; mais elles ne sont pas encore suffisantes; il faut prévenir le mal; et pour le prévenir, il faut ôter à ceux qui pourraient le faire, la possibilité de le commettre; par conséquent, il faut renvoyer ceux qui ont pris une part quelconque à celui qui a été fait depuis seize ans, et c'est ce qui n'a pas eu lieu.

Il en est de même à l'égard de l'administration de la justice ; on a dû penser que l'inamovibilité des magistrats les rendrait indépendans du pouvoir, et que leur conscience ne se prêterait pas à favoriser les factions ; on s'est trompé !

En 1815, les magistrats se prétèrent avec une facilité extrême à condamner des malheureux pour des propos prétendus séditieux. Ces magistrats étaient, pour le plus grand nombre, de la nomination de Bonaparte. Ils lui avaient juré fidélité et obéissance ; et cependant, quatre mois après sa chûte, ils entassaient dans les prisons ceux qui parlaient de ses victoires et prononçaient son nom.

Le maître devant qui ils s'étaient prosternés, était qualifié par eux d'usurpateur, quoiqu'il eût été nommé par le peuple : l'exposition de son portrait était la preuve d'une conspiration et néanmoins tous leurs désirs étaient de grossir le nombre des pièces à son effigie qui leur étaient distribuées tous les mois et qu'ils avaient dans leurs poches alors même qu'ils condamnaient à la prison celui qui exposait son buste en public.

Si ces hommes avaient été pénétrés des devoirs qu'ils avaient à remplir, s'ils avaient eu la conscience que doit avoir tout magistrat intègre, ils auraient exposé à leur nouveau maître qu'au sujet des propos séditieux, ils devaient penser comme Justinien : *non lubricum linguæ ad pœnam facilè trahendum est*

Ils auraient dit aussi, comme Théodose, *si ex levitate processerit, contemnendum; si ex insaniâ, miseratione dignissimum; si ab injuriâ, remittendum*. Mais ces magistrats n'étaient ni des Justinien ni des Théodose, pas plus que leur nouveau maître.

Pour faire oublier leur dévouement au monarque proscrit, ils entassaient dans les prisons une infinité de malheureux et s'imaginaient par là que les plates adresses qu'ils avaient signées et le méprisable encens qu'ils avaient fait brûler au pied de son trône, ne seraient nullemeut tirés de la poussière des archives et qu'ils échapperaient à une destitution qu'ils méritaient à juste titre.

Ce sont ces mêmes magistrats qui naguère favorisaient les principes de la faction contre-révolutionnaire et qui condamnaient encore les sentinelles de la liberté à des détentions plus ou moins longues, et à des amendes plus on moins fortes, en expliquant, d'après leurs passions et leur servilité, ce que ces publicistes avaient voulu exprimer. De pareils hommes ne devraient siéger que sur les tabourets de Cambyse et non sur les abeilles et les fleurs de lys qui les ont tour-à-tour supportés.

L'inamovibilité de ces magistrats est une calamité pour le corps social, et les conserver quand ils ont fait preuve de principes opposés à ceux que la révolution de juillet 1830, vient de consacrer, est une inconséquence du pouvoir contre laquelle tous les amis de l'ordre et de la liberté ne sauraient trop se récrier.

Il est vraiment pitoyable d'admettre en principe, et avec raison, qu'un monarque qui transmet par droit d'hérédité la couronne à son fils, puisse être déchu de son trône quand il viole les lois qu'il a juré de maintenir, et de soutenir que des juges à qui leur fils ne peuvent succéder, doivent être inamovibles, quand ils ont fait un trafic honteux de leur conscience.

On doit compter que le magistrat qui se trouve

à la tête de l'ordre judiciaire, sondera cette plaie du corps social et la cautériscra. La pureté de ses principes, son amour pour la patrie, en sont de sûrs garans; et l'homme, à qui le roi actuel pourrait adresser ces paroles de Louis XIV à Lamoignon : « Si j'avais connu un plus homme de bien » et un plus digne sujet, je l'aurais choisi, » ne souffrira pas que la magistrature subsiste dans l'état où elle est maintenant.

Il se hâtera, ou de donner des retraites à tous ces hommes de tous les momens et de toutes les circonstances, ou provoquera une loi nouvelle qui en fasse justice et serve d'exemple à ceux qui seraient tentés de les prendre pour modèles.

Depuis quarante années les caméléons politiques ont été la cause des différentes révolutions qui se sont succédées ; partout où il y avait des places à occuper, de l'argent à recevoir, et des dîners à dévorer, on les rencontrait toujours : y avait-il des dangers à courir? on ne les voyait nulle part : lorsque ces dangers n'existaient plus, ils s'emparaient de la couronne qu'avaient méritée ceux qui les avaient affrontés; et, dans la crainte que les vainqueurs ne vinssent la leur arracher, ils commençaient par affaiblir les services qu'ils avaient rendus et finissaient toujours par faire ou provoquer des lois qui leur étaient funestes et qui par fois les livraient à des commissons militaires, pour avoir conspiré avec trop d'ardeur en faveur de la liberté.

C'est ce qni est arrivé au 13 vendémiaiie an IV. Des sections de Paris s'arment contre la convention ; elle appelle à son secours quinze-cents patriotes. Bonaparte se met à leur tête ; ils repoussent les rebelles, et quelques mois après , cette convention oublie qu'elle doit son salut à ces ardens amis de la liberté : elle voit dans les opinions exagérées d'un publiciste, une conspiration en faveur de la démocratie, et de suite, plusieurs de ses membres sont arrêtés et livrés avec beauooup d'autres citoyens à une haute cour : ils sont condamnés à mort, et ils la reçoivent en criant vive la liberté.

Après les journées des 27, 28 et 29 juillet, des ouvriers se sont rassemblés ; une force armée imposante a été mise sur pied , et peu s'en est fallu que le sang coulât.

Nous ne disconvenons pas que l'autorité a le droit de faire dissiper, même par la force, tous les rassemblemens ou attroupemens séditieux ; nous reconnaissons avec elle que l'ordre légal et public est de toute nécessité , mais il faut auparavant que l'autorité fasse tout ce qu'elle doit faire pour que cet ordre public ne soit pas troublé.

Si elle n'avait pas eu la trop facile complaisance de souffrir dans la capitale le retour de tous les apôtres de la tyrannie, le peuple ne se serait pas rassemblé pour demander l'anéantissement de ce qu'il a voulu conserver en faisant la révolution dernière.

Il a voulu reconquérir la liberté et il n'est pas croyable qu'il ait pu penser à vouloir la détruire. Des provocateurs l'ont poussé à élever des prétentions déraisonnables ; ce sont eux qu'il fallait atteindre et pour y parvenir, il fallait défendre aux prêtres, aux gendarmes et à tous ceux qui avaient favorisé les massacres derniers, de rentrer dans Paris puisqu'ils en étaient sortis.

Ce qui se passe aujourd'hui nous mène à des scènes aussi affligeantes que celles qui ont eu lieu en l'an IV... Une scission s'est dessinée dans la la chambre des députés; les amis du peuple les plus prononcés veulent que la révolution des 27, 28 et 29 juillet 1830, ne soit pas un simple changement de ministère. Ils veulent qu'elle marche d'après les principes qui l'ont fait faire : les autres, parmi lesquels on remarque les coryphées de la politique sentimentale, veulent qu'on dirige le mouvement populaire dans un sens rétrogade et que l'on regarde comme un bienfait et comme une faveur la mise en activité d'une loi communale

présentée et repoussée par la majorité de la char
bre dans un temps où elle faisait encore des conce
sions au pouvoir tyrannique par amour pour
paix et la tranquillité.

La composition de la chambre telle qu'elle e
aujourd'hui, ne peut subsister sans amener d
débats de nature à faire évoquer les ombres d
martyrs de juillet 1830, pour rappeler à ces fa
eeurs de politique sentimentale que, sans elles,
France serait entièrement sous le joug et que dè
lors qu'il est constant qu'il a fallu autre chose q
de l'éloquence parlementaire, voire même celle
Me Dupin le 26 juillet 1830, pour la préserver
l'esclavage, la victoire ne doit pas être exploi
par elle ni pour elle, mais bien au profit
peuple qui l'a remportée, et que s'écarter de ce d
voir, c'est nous préparer de nouvelles révolutio
et nous exposer encore à voir verser du sang do
on ne saurait être trop avare.

DELATTRE, *ancien avocat.*